OS GAIATOS

RAQUEL BALTAZAR

<small>Direcção</small>
HELENA MARQUES DIAS

LIDEL, edições técnicas

LISBOA — PORTO — COIMBRA

http://www.lidel.pt (Lidel on-line)
E-mail: lidel.fca@mail.telepac.pt

DISTRIBUIÇÃO

 edições técnicas, lda.

LIVRARIAS: LISBOA: Avenida Praia da Vitória, 14 - Telef. 01-354 14 18 — Fax 357 78 27
PORTO: Rua Damião de Góis, 452 - Telef. 02-509 79 95 — Fax 02 550 11 19
COIMBRA: Av. Emídio Navarro, 11-2.º - Telef. 039-82 24 86 — Fax 827 221

Copyright © Janeiro 1999
LIDEL – Edições Técnicas, Limitada

Capa: Sara Levy Lima

Ilustrações: Carlos Cândido

Impressão: Tipografia Lousanense, Lda.

ISBN 972-757-104-2

LIDEL – Edições Técnicas, Lda.
Rua D. Estefânia, 183, r/c-Dt.º — 1049-057 LISBOA
Telefs. 353 44 37 - 357 59 95 - 355 48 98 — Fax 357 78 27 - 352 26 84

OS GAIATOS*

1.

Àquela hora da manhã a Baixa Lisboeta* encontrava-se cheia de pessoas que, por uma razão ou por outra, aceleravam o passo*. No Largo do Carmo umas corriam para apanharem o autocarro, outras vinham passear o cãozinho à rua com o propósito de verem as novidades das montras. Também havia as que se levantavam cedo para ir comprar o jornal ao quiosque*. Alguns idosos reuniam-se para discutirem o último jogo de futebol, enquanto a mãe do João se preparava para começar a assar as primeiras castanhas* do dia. O João ofereceu-se para a ajudar a vender, mas só até à hora de aparecerem os amigos para a brincadeira.

O João tinha a *alcunha** de Rabino por ser um rapaz travesso*. Mal sentia* o cheiro a castanhas assadas, jogava a mão a algumas e comia-as. Com os seus olhos grandes e redondos observava o passeio cheio de gente*.

Tinha um olhar matreiro* e um rosto atrevido*. Era o rapaz mais aventureiro do Largo do Carmo

3

e a sua voz ecoava* por entre as travessas, para atrair compradores.

— Quem quer castanha assada? Estão boas e quentinhas...

Entretanto um grupo de rapazes aproximou-se do Largo. Eram os amigos de Rabino: o Manuel, o José, o Pedro e o Carlos. Vinham muito animados a conversar até que o Pedro disse:

— Ouvem esta voz? De certeza que só pode ser o Rabino a vender castanhas!

— Boa*, vamos ter com* ele, sugere o Carlos.

E todos se dirigem para junto de Rabino para o desafiar* para a brincadeira.

— Ouve lá, pá*! Queres vir connosco jogar ao pião*? pergunta o Manuel que tinha a alcunha de Saltarico* por ter muita energia e andar sempre a saltar.

— Tá bem*, mas quem faz as regras sou eu! responde o Rabino com um ar decisivo*.

— Hei!! Esqueci-me do meu pião! Diz o Pedro desiludido*.

-Então vamos dar uma volta por aí e depois logo vemos* o que vamos fazer, diz o Carlos mais famoso como o Bexigas*.

Todos concordaram e o Pedro nem se atreveu* a dizer nada.

O Rabino correu em direcção à mãe para a avisar que ia brincar com os seus amigos. Ela primeiro não concordou porque gostava de ter a companhia do filho, mas depois olhou-o de um modo tão ternurento como só uma mãe sabe olhar.

5

2.

Naquele grupo só faltava um, o Miguel que se encontrava a vender jornais entre as esquinas da Praça Luís de Camões. Os seis eram os gaiatos do Bairro Alto*: o João Rabino, o chefe; o Manuel Saltarico, o reguila*; o José que tinha a alcunha de Zé da Fisga*, o malandro* que manejava a fisga com grande perícia*; o Pedro, conhecido como o Rabanete*, era um rapaz tímido porque quando mentia, ou queria não ser honesto, corava tanto que as suas faces ficavam da cor do rabanete*; o Carlos era o Bexigas porque ficou com a cara toda marcada pela varicela* quando era bébé; e o Miguel que era conhecido por Eusébio* porque jogava e fintava a bola como um verdadeiro profissional.

Já com o Rabino no grupo foram ter com o Eusébio. Chegaram ao pé dele e obrigaram-no amigavelmente* a ir passear com eles. Mas, o Eusébio torceu o nariz* porque tinha obrigações como ardina* do Bairro Alto. Era ele que vendia os jornais naquela praça. Mas depois de muita insistência acabou por ir* deixar os jornais no quiosque e juntar-se aos seus amigos. Foi então que começou o divertimento.

De repente, o Rabino gritou a palavra-chave:
— Agora!

As crianças desataram a correr* com as suas roupas marcadas pelas brincadeiras* atrás do eléctrico nº 15 para Belém*. Apanharam uma boleia* agarradas aos ferros traseiros.

Os seus rostos abriam-se num enorme sorriso*.

Os seus cabelos esvoaçavam por entre olhares indiscretos para os passageiros do eléctrico, enquanto o motorista gritava com eles porque não pagavam bilhete; mas o pior era se eles caíam e se magoavam!

Os seus dias eram passados assim: jogos, partidas e brincadeiras...

Costumavam colar moedas ao chão e depois ficavam a observar as pessoas que tentavam

arrancá-las. É claro que eram logo descobertos*
porque riam à gargalhada*, mas conseguiam
contagiar as pessoas com a sua alegria. Realmente
aqueles cérebros infantis fumegavam de ideias*.

Pendurados no eléctrico a caminho de Belém já
estavam a pensar nos famosos pastéis*.

— Ai! Agora o que me apetecia era mesmo um
pastelzinho, diz o Rabanete a lamber* os lábios.

— Também a mim, concorda o Zé da Fisga.

— Um dia ainda vou ser rico, comprar os
pastéis todos e comê-los, afirmou o Rabino.

— Apanhavas uma dor de barriga tão grande que ias parar ao hospital, disse o Saltarico.

— E olha que aí o dinheiro não te servia de nada, respondeu o Eusébio.

— Vamos é passear ao pé do Tejo* e ver o Mosteiro dos Jerónimos* e a Torre de Belém*. Depois podemos fazer um concurso para ver quem consegue *amandar** pedrinhas o mais longe possível, diz o Rabanete.

— Oh! Isso não tem piada, diz o Rabino. Vamos mas é voltar para o Rossio, subir ao cimo do Castelo de São Jorge* e brincar às lutas contra os mouros*.

A ideia agradou a todos e lá foram eles no sentido inverso ao de Belém para 'a grande conquista'.

3.

Ao chegarem ao cimo do Castelo observaram a vista que se lhes deparava e o Rabino diz.

— Meus bravos guerreiros, defensores da pátria, vamos marchar contra os canhões!* Mas primeiro quero dizer umas palavras:

É do cimo do Castelo de São Jorge
que eu vejo a minha cidade;
ela é linda, é maravilhosa
e enche-me de felicidade.

Desataram todos a rir para esconderem uma lagrimazinha que teimava em cair. Eram crianças de rua. Não tinham grande cultura, mas eram honestas nos seus sentimentos. Eram camaradas que se defendiam como verdadeiros irmãos.

Sentiam-se orgulhosos por terem o Rabino como chefe.

— Aos seus postos, ordenava o Rabino.

E todos começaram a correr cada um em direcção ao seu canhão.

4.

Cansados da brincadeira desceram a colina até à Praça D. Pedro IV (Rossio). Quando viram a fonte no meio da praça não resistiram, tiraram os sapatos e foram molhar os pés.

Por ali perto um grupo de turistas andava a visitar Lisboa. Pararam à frente do Teatro e ouviu-se a voz do guia.

— Este é o Teatro Nacional D. Maria II, um dos mais conceituados em Portugal...

— É pá, olhem ali, disse o Zé da Fisga. É um grupo de turistas. Vamos pedir flores à Ti Maria* e depois vamos vender.

— Ei, e eu vou pedir ao *Sô** Zé a caixa de sapatos. Posso engraxar* uns quantos e assim ganho alguns trocos*, disse o Bexigas.

Depois de meterem conversa com os turistas conseguiram ganhar algumas moedas que serviram para comprar guloseimas.

O Rabino guardou as suas moedas para os anos de Eusébio. Ele sonhava oferecer-lhe aquilo que o seu amigo mais queria: um bilhete para subir ao Cristo Rei*.

Subiram o Chiado a pé e o Rabanete sugeriu:

— Hei malta*, vamos entrar na igreja?

— P'ra quê*?, pergunta o Bexigas.

— Para agradecer por estarmos vivos, responde o Eusébio.

Num impulso repentino o Rabino tira a boina da cabeça e entra na igreja. O Rabanete vai atrás dele para ir rezar a Sto. António*.

Mal entraram ouviram uma voz com uma pronúncia beirã*:

— Então meus filhos! A que devo a honra da vossa visita?

Era o padre Francisco que lhes costumava pregar sermões*.

— Olá, padre Francisco! exclamou o Rabanete com um ar surpreendido.

— Viemos rezar. — conclui o Zé da Fisga.

— Fizeram muito bem meus filhos então depois passem pela sacristia* para termos uma conversinha.

As crianças foram até ao altar sem abrir a boca. Depois olharam uns para os outros e voltaram para trás pé ante pé* para o padre Francisco não os ouvir a sair.

5.

Lá de cima do alto do Chiado* conseguem ver os barcos que se cruzam no Tejo. São os Cacilheiros* que ligam as duas margens do rio.

Vão para Cacilhas, vêm para Lisboa e fazem o transporte de pessoas e carros.

Ali bem perto, a Brasileira* do Chiado convida a parar. Todos querem fazer companhia à estátua de Fernando Pessoa*, sentado à mesa com uma bica* na frente como se fosse mais um cliente. Os gaiatos sentaram-se à sua volta e até no seu colo, mas rapidamente foram corridos dali*.

À medida que desciam a Rua Garrett ouviram o som de uma velha grafonola que tocava no parapeito de uma janela a música de uma marcha popular*. Os gaiatos começaram a sonhar com o cheiro a sardinhas assadas e a manjericos*.

De repente o Bexigas pergunta:

— O que é que acharam da marcha de Alfama* este ano?

— Eu gostei da da Mouraria*, respondeu o Eusébio.

— Deixem-se de conversas, já viram que tenho a barriga a dar horas*. Ainda não comemos nada, retorquiu o Zé da Fisga.

— Vamos então comer qualquer coisa, acrescenta o Rabanete.

— É verdade, lembram-se que a Ti'Ana* está a dever-nos um favor. Podíamos pedir-lhe uns pregos no pão*, diz o Saltarico.

— Boa ideia, afirma o Rabino.

Foi o que fizeram, pois daí a um *estantinho** o dia ia começar a escurecer.

O Bexigas estava pensativo, sentia uma grande inveja das crianças que passeavam na rua com as suas mães! Como ele sentia a falta da sua mãe!... Como ele gostava de poder provar um daqueles gelados que os pequeninos levavam na mão. E como gostava de poder parar na Praça da Figueira para dar milho aos pombos.

Mas não se podia queixar, tinha os melhores amigos do mundo. E riu-se quando viu a silhueta de Rabanete e Saltarico. O primeiro, baixo e gordinho, o segundo alto e magro. Mais pareciam o Bucha e o Estica.

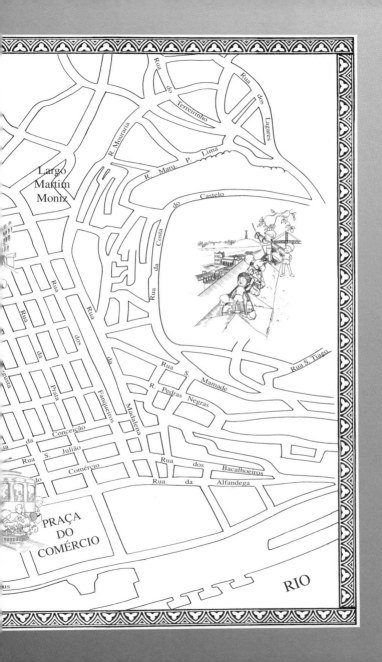

Rua do Terreirinho

Rua dos Lagares

R. Mouraria

R. Marq. P. Lima

Largo Martim Moniz

Rua do Castelo

Rua da Costa

Rua da Costa do Castelo

Rua S. Tiago

Rua

Rua

Rua dos

Rua da Prata

Rua dos Fanqueiros

Rua da Madalena

Rua S. Mamade

R. Pedras Negras

Conceição

Rua S. Julião

Comércio

Rua dos Bacalhoeiros

Rua da Alfandega

PRAÇA DO COMÉRCIO

RIO

6.

A conversar e a andar descobriram-se na Rua
Augusta, já depois de terem comido.

Deram uma volta nessa rua porque gostavam
de falar com os artistas que actuavam ali durante
o dia e àquela hora estavam a desmontar o seu
'palco'. Era uma rua larga que terminava no
Terreiro do Paço.

O sonho de Bexigas era ser palhaço, actuar
num grande circo e provocar muitas gargalhadas
nas crianças. Era por isso que fazia tanta questão
em ir dar uma volta naquela rua para falar com os
artistas.

Os edifícios da Rua Augusta faziam-nos sentir pequenos bagos de milho, mas ao mesmo tempo orgulhosos de serem alfacinhas*. Nas ruas ouvia--se o assobio do amolador*, enquanto o sol se derretia nas águas, perto da linha do horizonte. O Zé da Fisga sonhava em ser actor. Costumava ir quase todos os dias para a porta do Parque Mayer* cumprimentar os actores que por ali passavam. Muitas vezes o porteiro deixava-o entrar e ele corria para os camarins* para ver os actores a colocar maquilhagem. Desejava-lhes boa sorte e ficava a vê-los representar.

O Rabino ao passar pela Ti Maria, a vendedora de flores mais simpática e bonacheirona* do Rossio, pedia sempre uma flor para levar à mãe. Era um rapaz ternurento, mas ao mesmo tempo aventureiro. O seu sonho era trepar o Elevador de Sta. Justa*.

Na Calçada da Glória* apanharam 'boleia' do elevador, mais uma vez agarrados às grades do ascensor que subia aquela rua estreita e íngreme*.

Era obrigatório irem ver o pôr do sol no jardim São Pedro de Alcântara, onde o pai do Zé da Fisga estava sempre ao fim da tarde a jogar à malha*.

Entretanto o Eusébio perguntou.

— E agora malta, o que é que vamos fazer?

— Vamos até ali ao jardim matar a sede* no chafariz, responde o Rabino.

O sol já estava a desaparecer na linha do horizonte e já se sentia o cheiro a petiscos.

Os varredores de rua começavam a aparecer com as suas fardas cor de laranja e a cidade enchia-se de um novo ambiente. Ao longe, as varinas* levavam os cestos com o peixe que não tinham vendido durante o dia. As primeiras luzes acendiam-se gradualmente nas esquinas.

O Rabino diz:

— Amanhã temos que ir à Estrela* para o campeonato de berlindes*, e depois vamos fazer carrinhos de madeira.

— Não posso, retorquiu o Eusébio com um ar desiludido. Tenho que trabalhar, ainda tenho que vender 30 jornais.

Passado um momento de silêncio o Zé da Fisga exclama.

— Já sei! Nós ajudamos-te a vender os jornais e depois tu vens connosco. Se cada um vender cinco, despachamo-nos num instante. Aceitam?

— Claro que sim!!! dizem em uníssono.

— É pá, vocês são porreiros*, diz o Eusébio comovido.

18

7.

Eram felizes os gaiatos do Bairro Alto. Sentiam uma alegria interior muito grande e a esperança de serem sempre crianças.

Eram donos da tradição da rua. Rapazes bafejados pela sorte de terem vida.

Eram os filhos de Lisboa assim como tantos outros que se encontram nas praças, nos cais, nas ribeiras, nos largos, nos terreiros, onde crescem e se fazem homens.

De repente ouviu-se a voz rouca de Rabino:

— Olhem ali a lua!

— Está linda, hoje, a iluminar a cidade, diz o Saltarico.

— E vejam a quantidade de estrelas que há no céu, diz o Zé da Fisga.

— Tenho a certeza que uma delas é a minha mãe, afirma o Bexigas com convicção e com os olhos cravados de saudade.

Era a magia da noite!

8.

Hoje, homens feitos e pais de família, recordam o tempo em que foram gaiatos.

À mesa de uma casa de fados* comem caldo verde e pão com chouriço. Tentam voltar a viver aquele tempo de infância através das lembranças.

Ouve-se novamente a voz da fadista que aquece aqueles corações de antigos gaiatos com a música 'Os Putos'*.

Há um momento de silêncio seguido por abraços de verdadeiros amigos que vivem o presente e sonham com o passado.

Vocabulário

3 Gaiatos rapazes vadios (que passam o tempo na rua), alegres e traquinas.

Baixa Lisboeta (Rossio) grande zona de comércio de Lisboa antiga.

aceleravam o passo andavam mais depressa

quiosque pequena loja que vende jornais e revistas entre outras coisas.

assar castanhas no Outono é típico as pessoas comerem castanhas assadas que são vendidas na rua.

alcunha apelido, nome que se dá a um indivíduo motivado por qualquer particularidade física ou moral.

travesso irrequieto

mal sentia quando começava a sentir

cheio de gente (fam.) com muitas pessoas

matreiro manhoso, astuto, sabido, ladino

atrevido ousado

4 ecoava fazia eco

5 Boa! expressão familiar que exprime aceitação e concordância

ir ter com ele dirigir-se a ele; encontrar-se com

desafiar propôr, provocar para desafio, tentar convencer

pá (calão) expressão oral utilizada para chamar a atenção ou usada como exclamação

pião brinquedo em forma de pêra que se faz girar somente apoiado num bico de metal, desenrolando rapidamente uma guita que o envolve.

Saltarico alcunha; nome familiar

Tá bem   Está bem.

ar decisivo   aparência firme de quem consegue resolver problemas

desiludido   decepcionado; frustrado

logo vemos   depois decidimos

Bexigas   alcunha; nome familiar

nem se atreveu   não teve coragem

Bairro Alto   antigo bairro típico de Lisboa

reguila   traquina, malandro

Zé da Fisga   alcunha; nome familiar

malandro   vivaço, matreiro

fisga   instrumento para atirar pedras aos pássaros

perícia   habilidade, destreza

Rabanete   alcunha, nome familiar

rabanete   nome de uma planta com uma raiz vermelha comestível

varicela   doença contagiosa que pode deixar marcas no corpo

Eusébio   alcunha alusiva ao famoso jogador de futebol do Benfica

obrigaram-no amigavelmente   fizeram questão que ele fosse, fizeram pressão para ele ir, insistiram

torceu o nariz   não gostou da ideia

ardina   (gíria) rapaz que anda pelas ruas a vender jornais (nome aplicado em Lisboa e Porto)

acabou por ir   foi

desataram a correr   começaram a correr

roupas marcadas pelas brincadeiras   roupas sujas e rotas, próprias de quem não tem cuidado com a roupa

Belém   zona ocidental da cidade de Lisboa, onde se situava a praia fluvial do Restelo; nela se erguem: a célebre Torre de Belém, o famoso Mosteiro dos Jerónimos e o Centro Cultural de Belém (C.C.B.)

apanharam uma boleia viajaram gratuitamente

abriam-se num enorme sorriso riam de alegria

eram logo descobertos eram identificados

gargalhada risada estridente e prolongada

fumegavam de ideias estavam cheios de ideias

pastéis os pastéis de Belém são muito famosos pela sua tradição e pelo seu paladar.

lamber os lábios passar a língua pelos lábios

Tejo rio que passa por Lisboa; nasce na Serra de Albarracim, em Espanha, limita Portugal desde a foz do seu afluente Elga.

Mosteiro dos Jerónimos mandado construir por D. Manuel I para comemorar a descoberta do caminho marítimo para a Índia.

Torre de Belém ou torre de São Vicente, colocada à beira do Tejo. Foi de uma praia de Belém, a praia do Restelo, hoje desaparecida, que partiram os navegadores portugueses para os grandes descobrimentos, esta torre é um dos mais belos monumentos do séc. XVI em Portugal.

amandar (fam.) atirar, lançar

Castelo de São Jorge foi construído pelos Mouros e tomado a estes por D. Afonso Henriques em 1147

Mouros eram valentes soldados naturais da antiga Mauritânia (região da África do Norte). Em 712 invadiram a Hispânia e assenhorearam-se de toda a Península, foram expulsos de Portugal no séc. XIII.

marchar contra os canhões frase que se encontra no hino de Portugal

Ti Maria (fam.) tia Maria

Sô   (fam.) Senhor

engraxar   dar graxa, polir

trocos   algumas moedas

Cristo Rei   monumento situado em frente a Lisboa, na margem esquerda do Tejo, inaugurado em 1959, homenageia a realeza de Cristo e agradece a protecção divina concedida a Portugal.

Hei malta   (fam.) forma de chamamento

P'ra quê?   (fam.) para quê?

Santo António padroeiro da cidade de Lisboa

pronúncia beirã   forma de falar da região interior centro de Portugal, caracterizada por uma acentuada palatização das sibilantes.

pregar sermões discurso feito com um fim moral

pag. 11 **sacristia** sala ao lado da igreja, onde se guardam os utensílios de culto e as vestes dos sacerdotes

pé ante pé   muito silenciosamente

pag. 12 **Chiado** zona comercial da parte antiga de Lisboa

Cacilheiros barcos que fazem a travessia entre Lisboa e Cacilhas

Brasileira café situado no Chiado. Numa das mesas da esplanada encontra-se a estátua de Fernando Pessoa.

Fernando Pessoa poeta português (1888--1935). Com Mário de Sá Carneiro e Almada Negreiros lançou a revista *Orpheu* (1915), que iniciou o modernismo em Portugal. Autor da Mensagem. A sua versatilidade levou-o à criação de heterónimos (Alberto Caeiro, Álvaro de Campos, Ricardo Reis e Bernardo Soares) dotados de personalidades próprias.

bica chávena pequena com uma bebida feita com café e água quente que sai, sob pressão, de uma máquina específica para fazer "café expresso".

corridos dali expulsos daquele local

marcha popular é um desfile tradicional em Lisboa em homenagem aos Santos Populares

manjericos é tradição oferecer um manjerico com uma quadra na altura dos Santos Populares

Alfama parte mais antiga de Lisboa, bairro de casaria irregular em vielas estreitas e tortuosas, na grande encosta, muito declivosa, do Castelo para o Tejo.

Mouraria bairro em que habitavam mouros. Antigo e típico bairro de Lisboa.

tenho a barriga a dar horas estou com fome

Ti'Ana (fam.) tia Ana

pregos no pão bifana, bife pequeno que se come em sanduíche

estantinho (fam.) pronúncia popular da palavra "instantinho"

daí a um *estantinho* daí a pouco tempo.

17 **alfacinhas** alcunha dos naturais da cidade de Lisboa

amolador operário que anda pelas ruas a afiar instrumentos cortantes (facas, tesouras, navalhas, etc.)

Parque Mayer parque em Lisboa onde existem muitos teatros

camarins salas onde os artistas se preparam para o espectáculo

bonacheirona aquela que tem bondade natural e que é simples e paciente

Elevador de Santa Justa   famoso elevador que tem vista sobre a cidade de Lisboa

Calçada da Glória   caminho ou rua com pavimentação de pedra situado numa encosta de Lisboa. O Elevador da Glória é um funicular que sobe e desce essa rua.

íngreme   muito inclinada; com uma subida muito acentuada

jogar à malha   jogo tradicional cujo objectivo é deitar abaixo um pau (fito), colocado a uma certa distância, com um disco lançado por um jogador

matar a sede   (fam.) beber

varinas   vendedoras de peixe

pág. **18** **Estrela**   zona de Lisboa

berlindes   pequena esfera de vidro, metal ou madeira para jogos de rapazes

porreiros   (fam.) amigos

pág. **20** **casa de fados** local onde se canta o fado (canção típica de Lisboa e Coimbra)

Putos   gaiatos

Um dia na vida dos gaiatos de Lisboa...

Depósito legal n.º 125951/98